Impressum
Verlag: BABADADA GmbH, Nedderfeld 112 , 22529 Hamburg
Geschäftsführer / Verlagsleitung: Harald Hof
Druck: Books on Demand GmbH, In de Tarpen 42, 22848 Norderstedt

Imprint
Publisher: BABADADA GmbH, Nedderfeld 112 , 22529 Hamburg, Germany
Managing Director / Publishing direction: Harald Hof
Print: Books on Demand GmbH, In de Tarpen 42, 22848 Norderstedt, Germany

escola

school

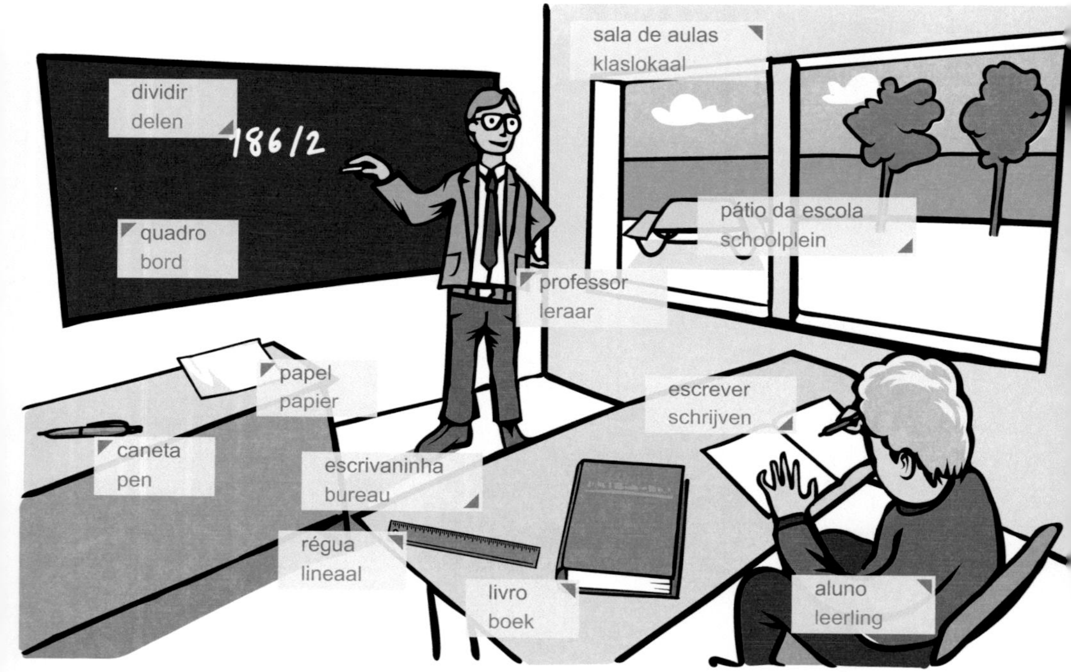
sala de aulas
klaslokaal
dividir
delen
186/2
quadro
bord
pátio da escola
schoolplein
professor
leraar
papel
papier
escrever
schrijven
caneta
pen
escrivaninha
bureau
régua
lineaal
livro
boek
aluno
leerling

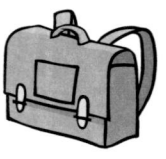

sacola

schooltas

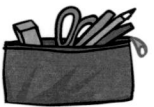

estojo de lápis

etui

lápis

potlood

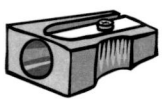

apontador de lápis

puntenslijper

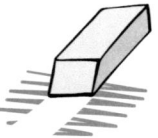

borracha

gum

bloco de desenho

schetsblok

desenho
tekening

pincel
penseel

estojo de tintas
verfdoos

tesoura
schaar

cola
lijm

livro de exercícios
schrift

lição de casa
huiswerk

número
getal

somar
optellen

subtrair
aftrekken

multiplicar
vermenigvuldigen

calcular
rekenen

letra
letter

alfabeto
alfabet

palavra
woord

texto

tekst

ler

lezen

giz

krijt

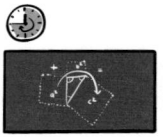

hora

les

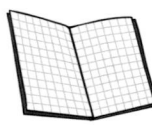

registro da classe

klassenboek

exame

examen

certificado

diploma

uniforme escolar

schooluniform

educação

opleiding

enciclopédia

encyclopedie

universidade

universiteit

microscópio

microscoop

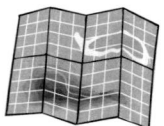

mapa

kaart

cesto de lixo

prullenmand

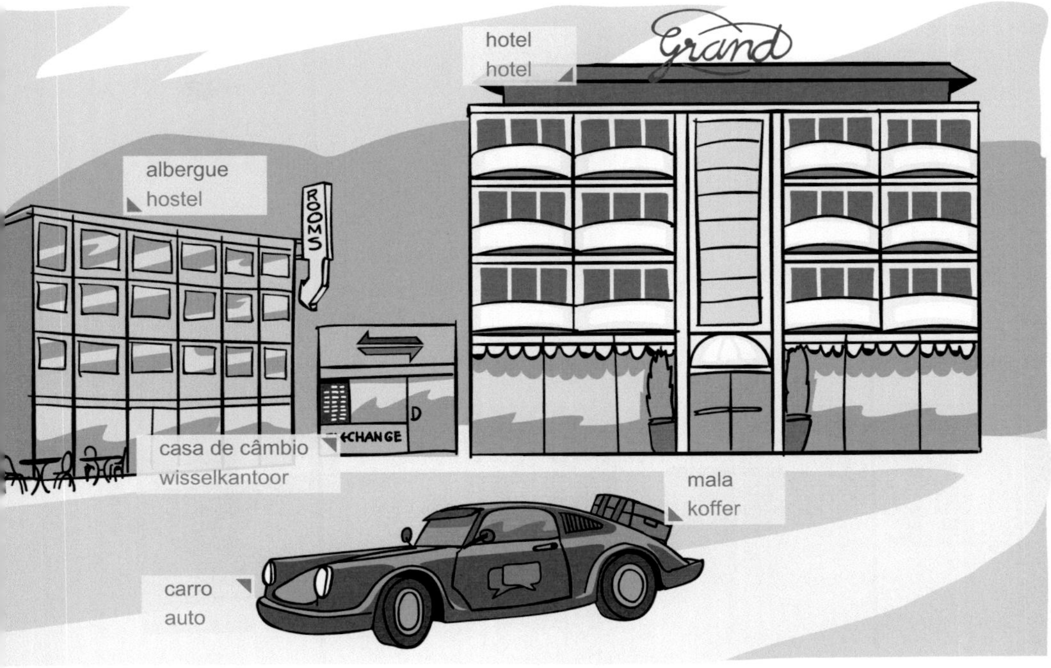

hotel
hotel
Grand
albergue
hostel
ROOMS
EXCHANGE
casa de câmbio
wisselkantoor
mala
koffer
carro
auto

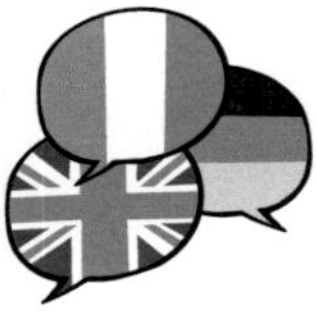

idioma

taal

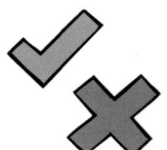

sim / não

ja / nee

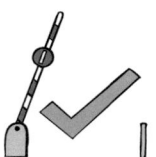

ok

oké

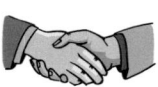

Olá

Hallo!

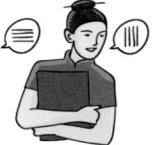

tradutor

tolk

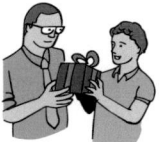

obrigado

Bedankt.

quanto custa...?

Wat kost ...?

eu não entendo

Ik begrijp het niet.

problema

probleem

boa noite!

Goedenavond!

Bom dia!

Goedemorgen!

Boa noite!

Goedenacht!

até logo

Tot ziens!

direção

richting

bagagem

bagage

bolsa

tas

mochila

rugzak

convidado

gast

quarto

kamer

saco de dormir

slaapzak

barraca

tent

informação turística

VVV-kantoor

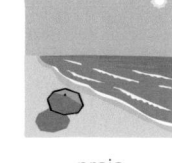

praia

strand

cartão de crédito

creditkaart

café da manhã

ontbijt

almoço

lunch

jantar

diner

bilhete

kaartje

elevador

lift

selo

postzegel

fronteira

grens

alfândega

douane

embaixada

ambassade

visto

visum

passaporte

paspoort

transporte
transport

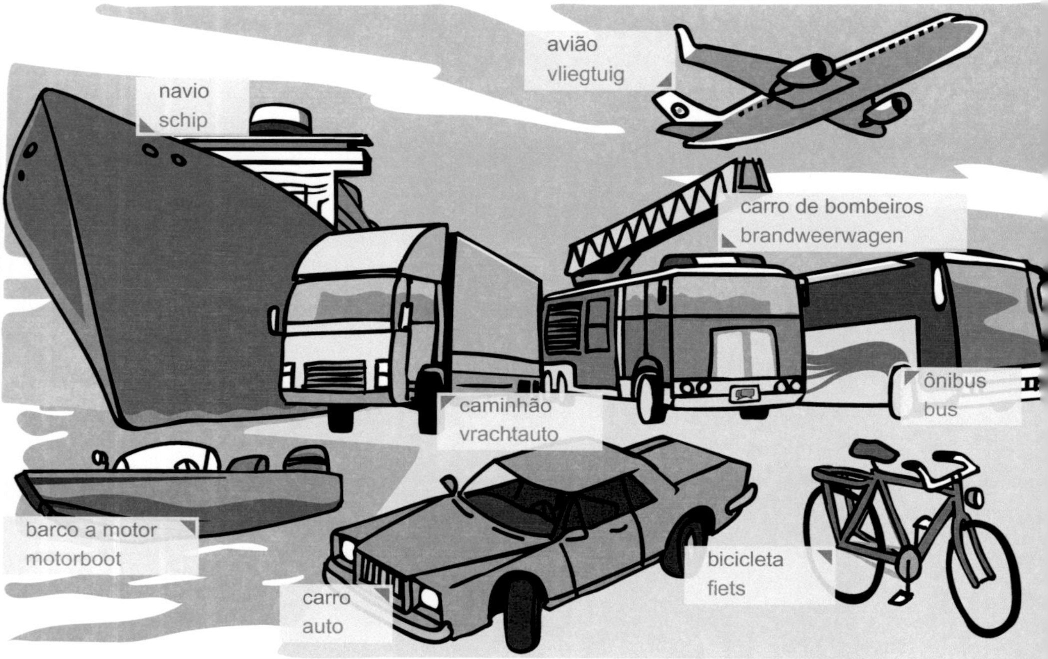
avião
vliegtuig
navio
schip
carro de bombeiros
brandweerwagen
ônibus
bus
caminhão
vrachtauto
barco a motor
motorboot
bicicleta
fiets
carro
auto

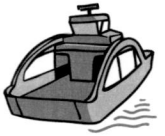

balsa

veerboot

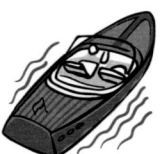

barco

boot

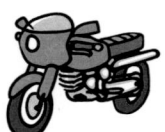

motocicleta

motorfiets

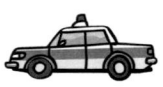

veículo policial

politiewagen

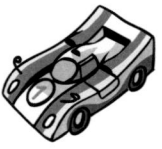

carro de corrida

raceauto

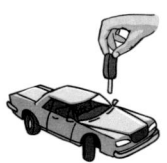

carro de aluguel

huurauto

compartilhamento de automóvel

carsharing

caminhão de reboque

takelwagen

caminhão de lixo

vuilniswagen

motor

motor

combustível

benzine

posto de gasolina

benzinepomp

placa de trânsito

verkeersbord

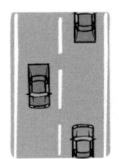

trânsito

verkeer

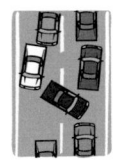

trânsito lento

file

estacionamento

parkeerplaats

estação de trem

station

trilhos

rails

trem

trein

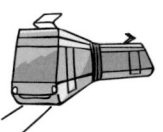

bonde

tram

vagão

wagon

helicóptero

helikopter

aeroporto

luchthaven

torre

toren

passageiro

passagier

contêiner

container

cartolina

verhuisdoos

carroça

kar

cesto

mand

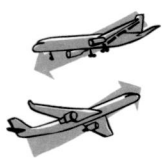

decolar / pousar

opstijgen / landen

cidade

stad

vilarejo

dorp

centro da cidade

stadscentrum

casa

huis

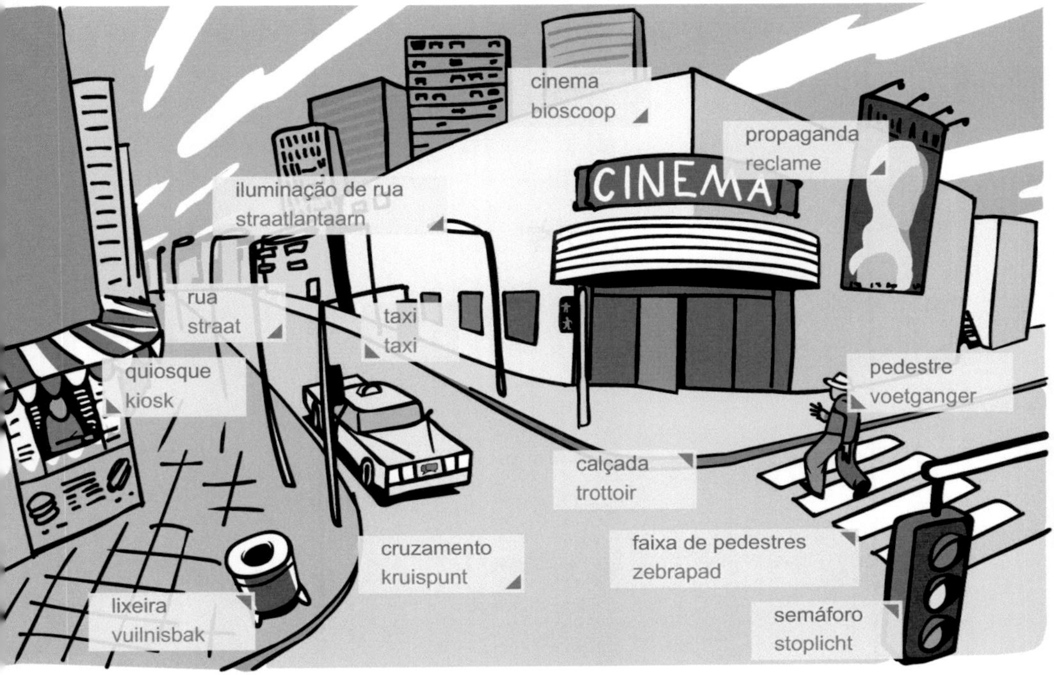

cinema
bioscoop

propaganda
reclame

iluminação de rua
straatlantaarn

CINEMA

rua
straat

taxi
taxi

pedestre
voetganger

quiosque
kiosk

calçada
trottoir

cruzamento
kruispunt

faixa de pedestres
zebrapad

lixeira
vuilnisbak

semáforo
stoplicht

cabana

hut

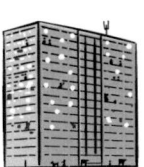

apartamento

appartement

estação de trem

station

prefeitura

stadhuis

museu

museum

escola

school

universidade

universiteit

banco

bank

hospital

ziekenhuis

hotel

hotel

farmácia

apotheek

escritório

kantoor

livraria

boekenwinkel

loja

winkel

floricultura

bloemenwinkel

supermercado

supermarkt

mercado

markt

loja de departamentos

warenhuis

peixaria

visboer

centro comercial

winkelcentrum

porto

haven

parque

park

banco

bank

ponte

brug

escadas

trap

metrô

metro

túnel

tunnel

ponto de ônibus

bushalte

bar

bar

restaurante

restaurant

caixa de correspondência

brievenbus

placa de rua

straatnaambord

parquímetro

parkeermeter

zoológico

dierentuin

piscina

zwembad

mesquita

moskee

fazenda

boerderij

poluição

vervuiling

cemitério

begraafplaats

igreja

kerk

parquinho

speelplaats

templo

tempel

paisagem
landschap

folha
blad

placa de sinalização
wegwijzer

caminho
weg

gramado
weide

pedra
steen

caminhantes
wandelaar

árvore
boom

rio
rivier

grama
gras

flor
bloem

vale
....
vallei

montanha
....
berg

lago
....
meer

floresta
....
bos

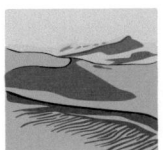

deserto
....
woestijn

vulcão
....
vulkaan

castelo
....
kasteel

arco-íris
....
regenboog

cogumelo
....
paddenstoel

palmeira
....
palmboom

mosquito
....
mug

mosca
....
vlieg

formiga
....
mier

abelha
....
bij

aranha
....
spin

besouro

kever

sapo

kikker

esquilo

eekhoorn

ouriço

egel

lebre

haas

coruja

uil

pássaro

vogel

cisne

zwaan

javali

wild zwijn

veado

hert

alce

eland

barragem

stuwdam

aerogerador

windmolen

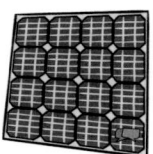

painel solar

zonnepaneel

clima

klimaat

restaurante
restaurant

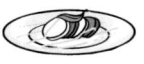

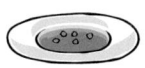

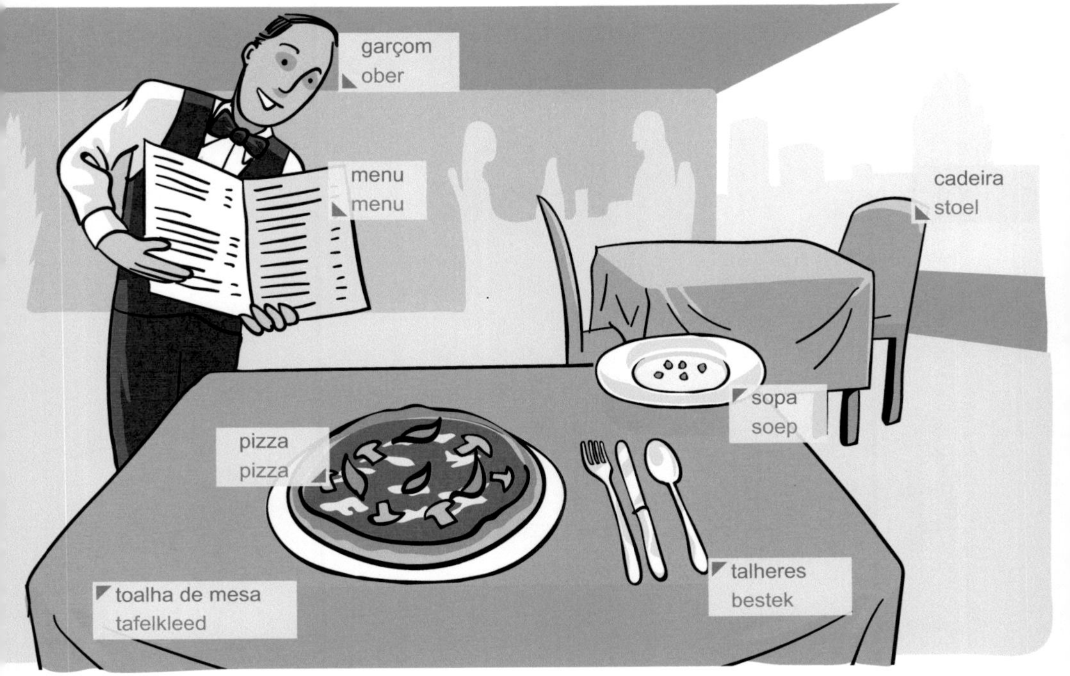

garçom
ober
menu
menu
cadeira
stoel
sopa
soep
pizza
pizza
toalha de mesa
tafelkleed
talheres
bestek

entrada

voorgerecht

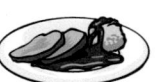

prato principal

hoofdgerecht

sobremesa

toetje

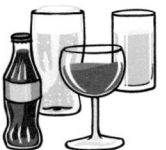

bebidas

dranken

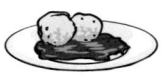

comida

eten

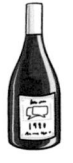

garrafa

fles

fastfood
fastfood

comida de rua
eetkraampje

bule de chá
theepot

açucareiro
suikerpot

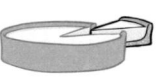

porção
portie

máquina de expresso
espressomachine

cadeirão
kinderstoel

conta
rekening

bandeja
dienblad

faca
mes

garfo
vork

colher
lepel

colher de chá
theelepel

guardanapo
servet

copo
glas

prato
bord

prato de sopa
soepbord

pires
schotel

molho
saus

saleiro
zoutvaatje

moedor de pimenta
pepermolen

vinagre
azijn

óleo
olie

especiarias
kruiden

ketchup
ketchup

mostarda
mosterd

maionese
mayonaise

supermercado
supermarkt

oferta especial
aanbieding
FOR
cliente
klant
laticínios
zuivelproducten
frutas
fruit
carrinho de compras
winkelwagen

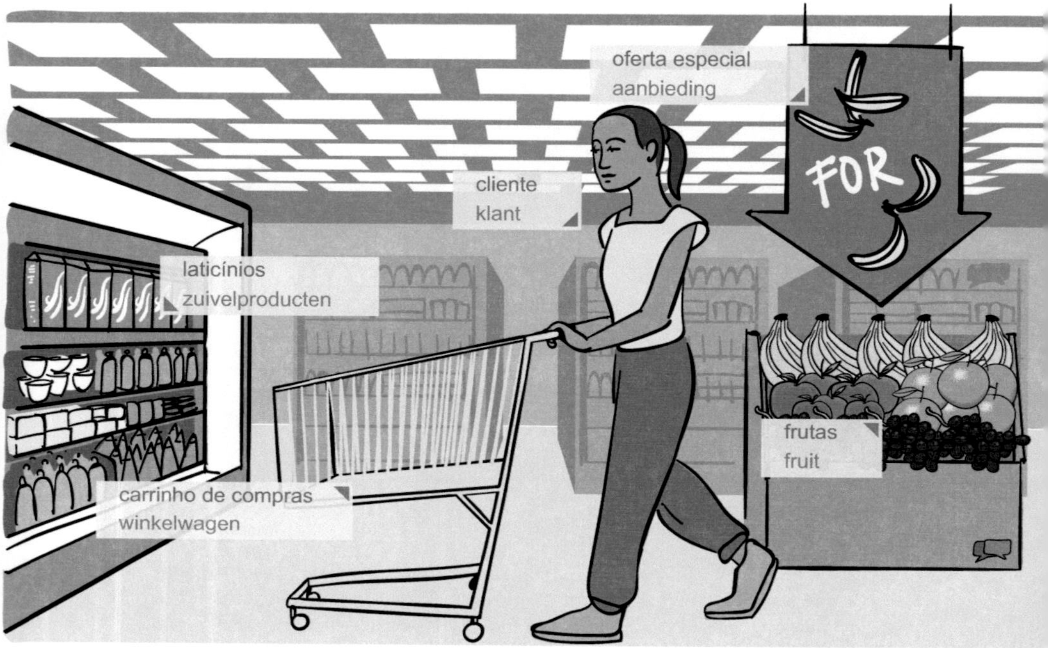

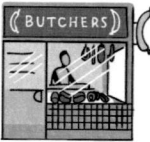

BUTCHERS

açougue

slager

BAKERY

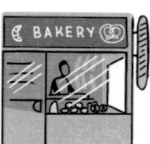

padaria

bakkerij

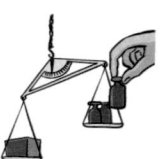

pesar

wegen

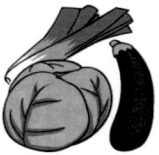

legumes

groente

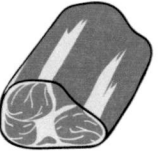

carne

vlees

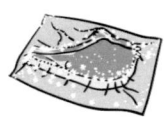

congelados

diepvriesproducten

charcutaria

vleeswaren

conservas

conserven

detergente em pó

wasmiddel

doces

snoepgoed

artigos domésticos

huishoudelijke artikelen

produtos de limpeza

schoonmaakmiddel

vendedora

verkoopster

caixa

kassa

caixa

kassier

lista de compras

boodschappenlijstje

horário de funcionamento

openingstijden

carteira

portefeuille

cartão de crédito

creditkaart

sacola

tas

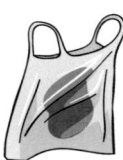

saco plástico

plastic zak

água

water

suco

sap

leite

melk

coca-cola

cola

vinho

wijn

cerveja

bier

álcool

alcohol

cacau

chocolademelk

chá

thee

café

koffie

expresso

espresso

cappuccino

cappuccino

banana

banaan

maçã

appel

laranja

sinaasappel

melão

watermeloen

limão

citroen

cenoura

wortel

alho

knoflook

bambu

bamboe

cebola

ui

cogumelo

paddenstoel

nozes

noten

macarrão

pasta

espaguete

spaghetti

arroz

rijst

salada

salade

batatas fritas

friet

batatas frias

gebakken aardappelen

pizza

pizza

hambúrger

hamburger

sanduíche

sandwich

escalope

schnitzel

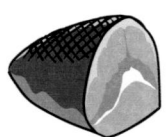

presunto

ham

salame

salami

salsicha

worst

galinha

kip

assado

gebraad

peixe

vis

flocos de aveia

havermout

granola

muesli

flocos de milho

cornflakes

farinha

meel

croissant

croissant

pãozinho

broodjes

pão

brood

torrada

toast

biscoitos

koekjes

manteiga

boter

requeijão

kwark

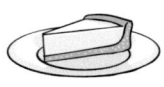

bolo

taart

ovo

ei

ovo frito

gebakken ei

queijo

kaas

sorvete

ijs

açúcar

suiker

mel

honing

geleia

jam

creme de avelãs

chocoladepasta

curry

kerrie

fazenda
boerderij

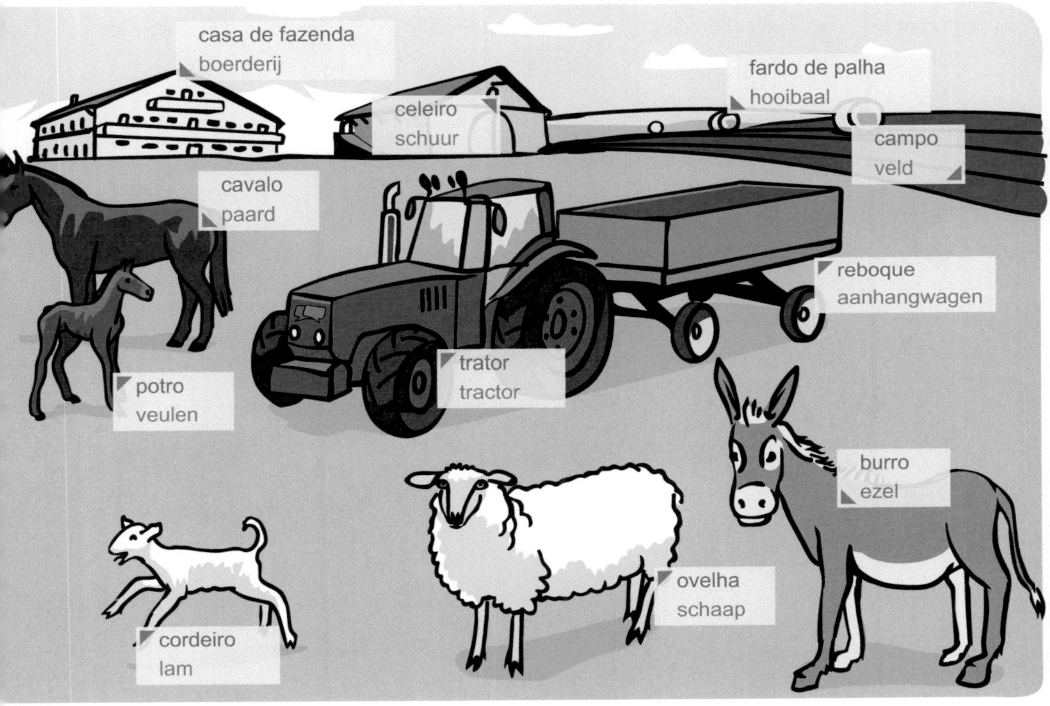
casa de fazenda
boerderij
celeiro
schuur
fardo de palha
hooibaal
campo
veld
cavalo
paard
reboque
aanhangwagen
trator
tractor
potro
veulen
burro
ezel
ovelha
schaap
cordeiro
lam

cabra

geit

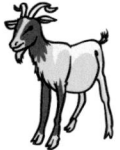

vaca

koe

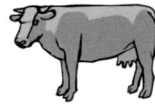

bezerro

kalf

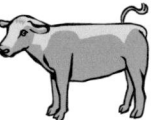

porco

varken

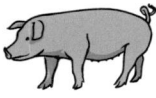

leitão

big

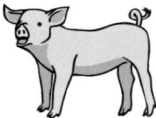

touro

stier

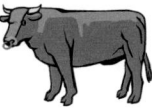

ganso

gans

pato

eend

pintinho

kuiken

galinha

kip

galo

haan

ratazana

rat

gato

kat

camundongo

muis

boi

os

cachorro

hond

casinha do cachorro

hondenhok

mangueira de jardim

tuinslang

regador

gieter

foice

zeis

arado

ploeg

foice

sikkel

enxada

schoffel

forquilha

hooivork

machado

bijl

carrinho de mão

kruiwagen

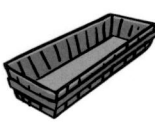

manjedoura

trog

jarra de leite

melkbus

saco

zak

cerca

hek

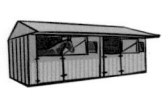

estábulo

stal

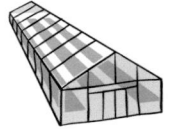

estufa

broeikas

solo

grond

semente

zaad

fertilizante

mest

colheitadeira

maaidorser

colher
oogsten

colheita
oogst

inhame
yam

trigo
tarwe

soja
soja

batata
aardappel

milho
maïs

colza
koolzaad

árvore frutífera
fruitboom

mandioca
maniok

cereais
granen

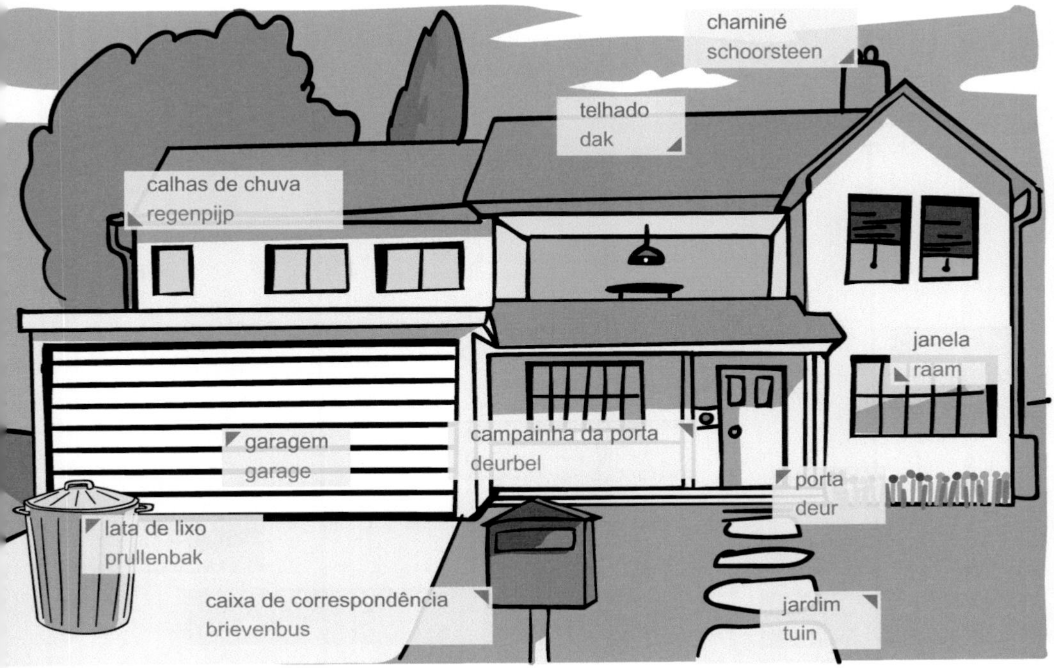

chaminé
schoorsteen

telhado
dak

calhas de chuva
regenpijp

janela
raam

garagem
garage

campainha da porta
deurbel

porta
deur

lata de lixo
prullenbak

caixa de correspondência
brievenbus

jardim
tuin

sala de estar

woonkamer

banheiro

badkamer

cozinha

keuken

quarto de dormir

slaapkamer

quarto de criança

kinderkamer

sala de jantar

eetkamer

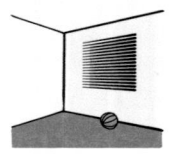

chão
vloer

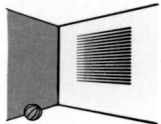

parede
muur

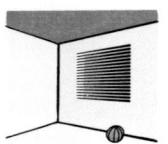

teto
plafond

porão
kelder

sauna
sauna

varanda
balkon

terraço
terras

piscina
zwembad

cortador de grama
grasmaaier

lençol
laken

coberta
bedsprei

cama
bed

vassoura
bezem

balde
emmer

interruptor
schakelaar

sala de estar
woonkamer

papel de parede
behang
quadro
foto
lâmpada
lamp
prateleira
plank
armário
kast
televisão
televisie
lareira
open haard
flor
bloem
travesseiro
kussen
sofá
bankstel
vaso
vaas
controle remoto
afstandsbediening

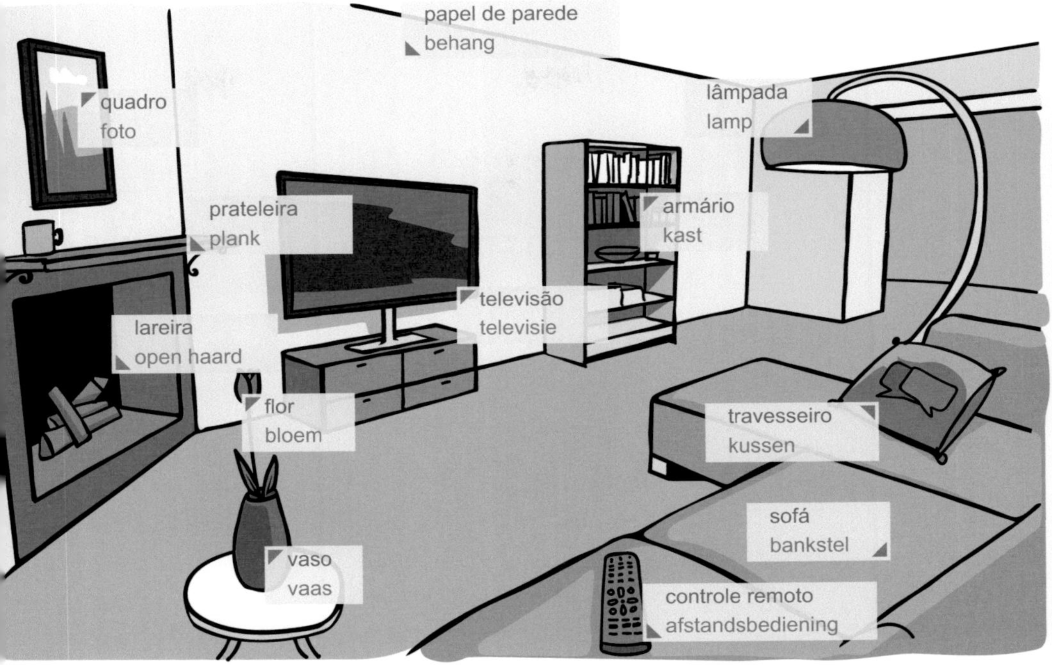

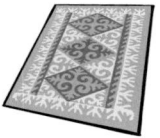

tapete

tapijt

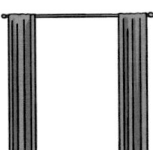

cortina

gordijn

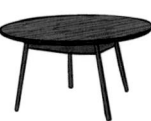

mesa

tafel

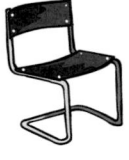

cadeira

stoel

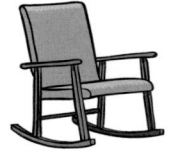

cadeira de balanço

schommelstoel

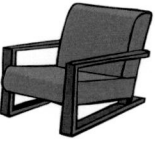

poltrona

stoel

livro

boek

cobertor

deken

decoração

decoratie

lenha

brandhout

filme

film

equipamento de som

stereo-installatie

chave

sleutel

jornal

krant

pintura

schilderij

pôster

poster

rádio

radio

bloco de notas

kladblok

aspirador

stofzuiger

cacto

cactus

vela

kaars

cozinha
keuken

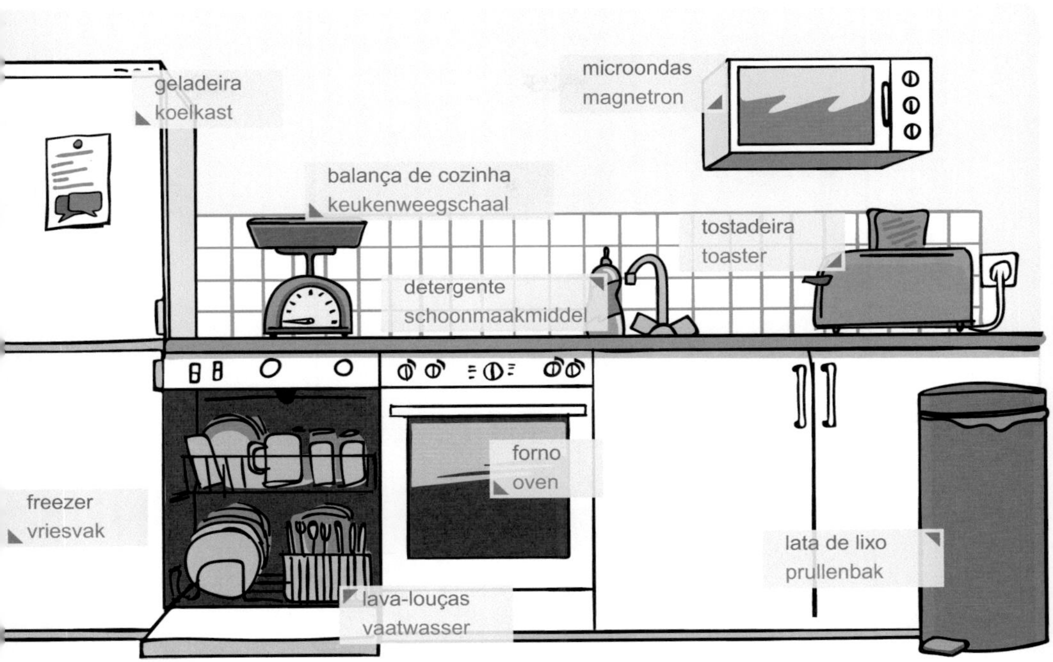
geladeira
koelkast
microondas
magnetron
balança de cozinha
keukenweegschaal
tostadeira
toaster
detergente
schoonmaakmiddel
forno
oven
freezer
vriesvak
lata de lixo
prullenbak
lava-louças
vaatwasser

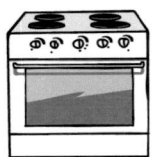

fogão

fornuis

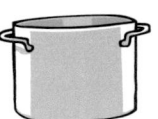

panela

pan

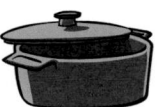

panela de ferro

gietijzeren pan

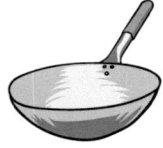

wok / kadai

wok / kadai

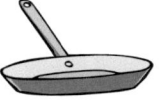

frigideira

koekenpan

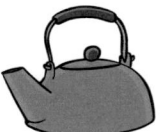

chaleira

ketel

panela a vapor

stoomkoker

tabuleiro de forno

bakplaat

louça

servies

caneca

beker

caçarola

kom

hashi

eetstokjes

concha de sopa

soeplepel

espátula

spatel

batedor

garde

escorredor

vergiet

peneira

zeef

ralador

rasp

almofariz

vijzel

churrasqueira

barbecue

lareira

vuurhaard

cozinha - keuken

tábua de cortar

snijplank

rolo da massa

deegroller

saca-rolhas

kurkentrekker

lata

blik

abridor de latas

blikopener

pegador de panela

pannenlap

pia

wasbak

escova

borstel

esponja

spons

liquidificador

blender

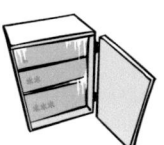

congelador

vriezer

mamadeira

babyflesje

torneira

kraan

banheiro

badkamer

ducha
douche
aquecimento
verwarming
toalha
handdoek
cortina de chuveiro
douchegordijn
banho de espuma
bubbelbad
banheira
bad
copo
glas
lava-roupa
wasmachine
torneira
kraan
azulejos
tegels
penico
potje
pia
wasbak

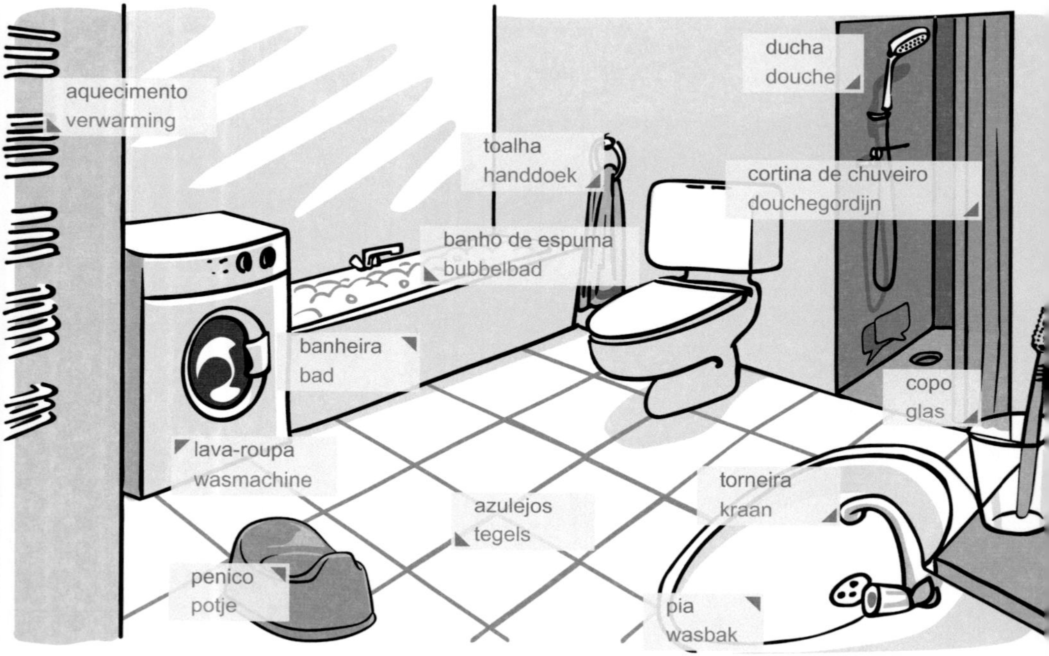

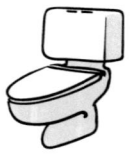

vaso sanitário

toilet

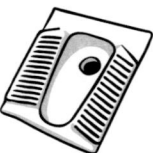

lavabo de agachar

hurktoilet

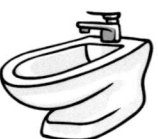

bidê

bidet

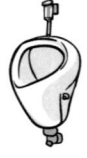

mictório

urinoir

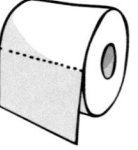

papel higiênico

toiletpapier

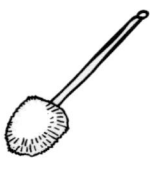

escova de privada

toiletborstel

escova de dentes

tandenborstel

pasta de dentes

tandpasta

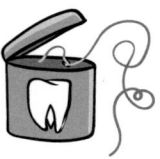

fio dental

flosdraad

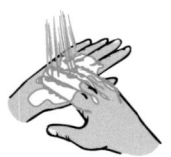

lavar

wassen

ducha de mão

handdouche

ducha íntima

toiletdouche

bacia

waskom

escova para as costas

rugborstel

sabonete

zeep

gel de banho

douchegel

xampu

shampoo

toalha de rosto

washanje

escoamento

afvoer

creme

creme

desodorante

deodorant

espelho

spiegel

espelho de mão

make-upspiegel

barbeador

scheermes

espuma de barbear

scheerschuim

loção pós-barba

aftershave

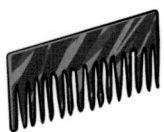

pente

kam

escova

borstel

secador de cabelo

haardroger

spray de cabelo

haarspray

maquiagem

make-up

batom

lippenstift

esmalte de unhas

nagellak

algodão

watten

tesoura para unhas

nagelschaartje

perfume

parfum

banheiro - badkamer

nécessaire
toilettas

banquinho
kruk

balança
weegschaal

roupão de banho
badjas

luvas de borracha
rubber handschoenen

absorvente interno
tampon

absorvente íntimo
maandverband

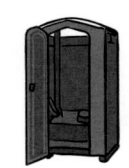

banheiro químico
chemisch toilet

quarto de criança
kinderkamer

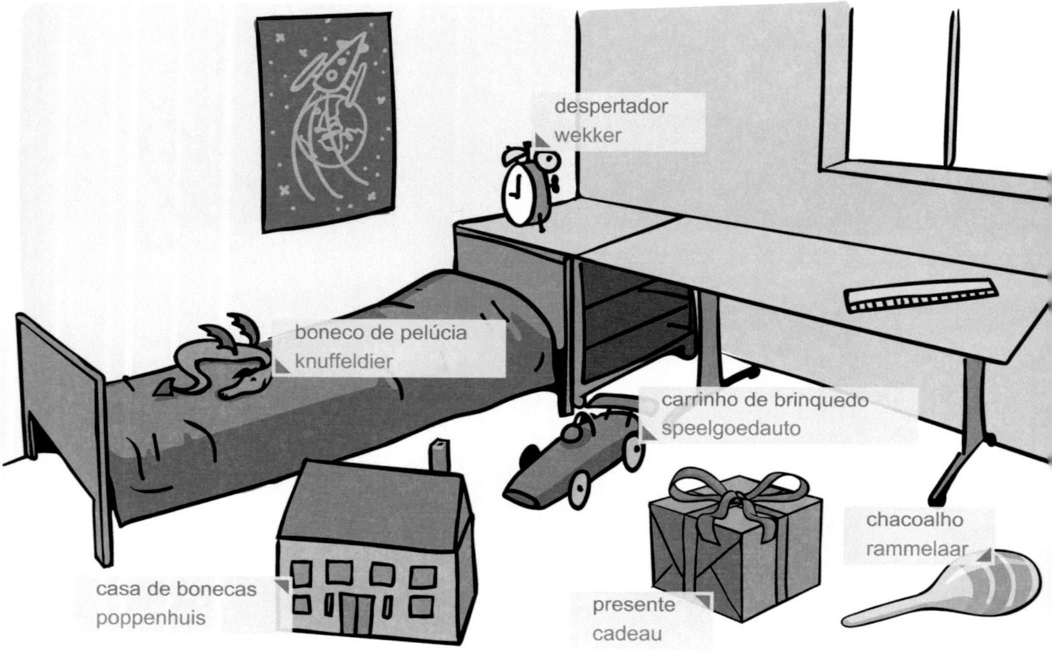

despertador
wekker
boneco de pelúcia
knuffeldier
carrinho de brinquedo
speelgoedauto
chacoalho
rammelaar
casa de bonecas
poppenhuis
presente
cadeau

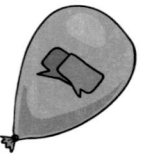

balão
ballon

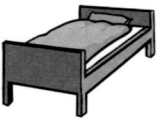

cama
bed

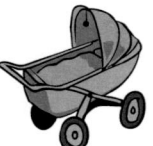

carrinho de bebê
kinderwagen

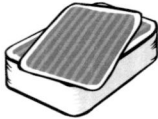

jogo de cartas
kaartspel

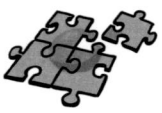

quebra-cabeças
puzzel

SUPER MEGA

revista de quadrinhos
stripverhaal

peças de Lego
legostenen

blocos de construção
speelgoedblokken

figura de ação
actiefiguurtje

macaquinho de bebê
romper

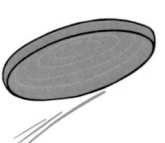

frisbee
frisbee

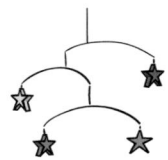

móbile para bebé
mobile

jogo de tabuleiro
bordspel

dados
dobbelsteen

trenzinho elétrico
modeltrein

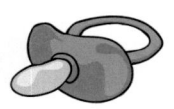

chupeta
speen

festa
feestje

livro ilustrado
prentenboek

bola
bal

boneca
pop

brincar
spelen

caixa de areia

zandbak

balanço

schommel

brinquedos

speelgoed

videogame

spelcomputer

triciclo

driewieler

ursinho de pelúcia

teddybeer

guarda-roupa

kleerkast

vestuário
kleding

meias

sokken

meias pelo joelho

kousen

meias-calças

panty

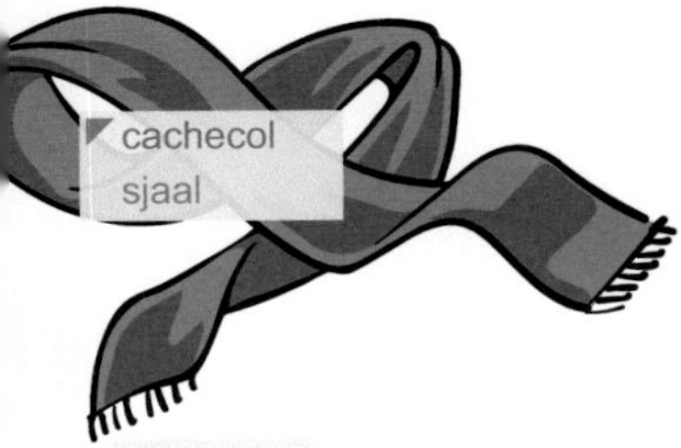

cachecol
sjaal

guarda-chuva
paraplu

camiseta
T-shirt

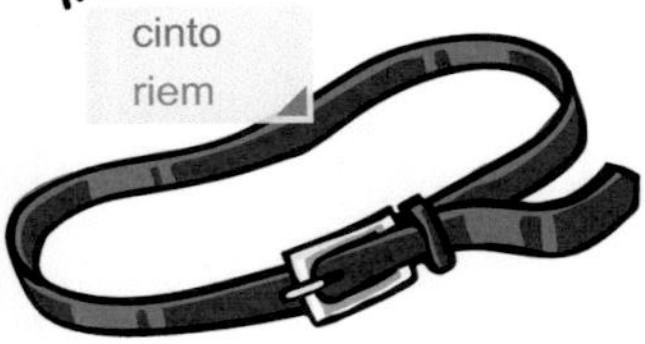

cinto
riem

tênis
sportschoenen

botas
laarzen

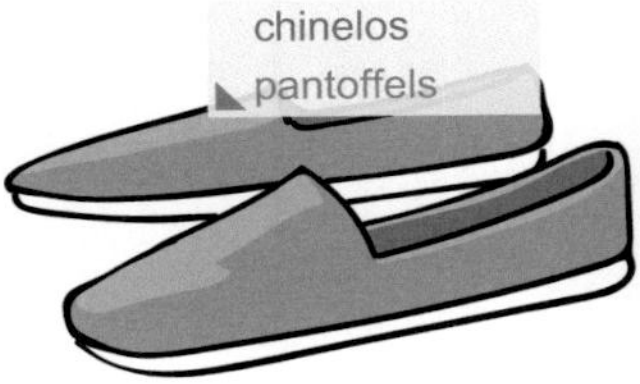

chinelos
pantoffels

sandálias
sandalen

sapatos
schoenen

botas de borracha
rubberlaarzen

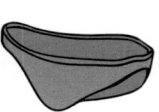

roupa de baixo
onderbroek

sutiã
beha

camiseta de baixo
onderhemd

body
body

calças
broek

jeans
spijkerbroek

saia
rok

blusa
blouse

camisa
overhemd

pulôver
trui

suéter com capuz
hoody

blazer
blazer

jaqueta
jas

casaco
mantel

gabardine
regenjas

traje
kostuum

vestido
jurk

vestido de casamento
trouwjurk

terno

pak

camisola

nachthemd

pijama

pyjama

sari

sari

lenço de cabeça

hoofddoek

turbante

tulband

burca

boerka

cafetã

kaftan

abaya

abaja

maiô

zwempak

sunga

zwembroek

shorts

korte broek

roupa de treino

trainingspak

avental

schort

luvas

handschoenen

botão

knoop

óculos

bril

pulseira

armband

colar

ketting

anel

ring

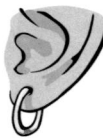

brinco

oorbel

boné

pet

cabide

kledinghanger

chapéu

hoed

gravata

stropdas

zíper

rits

capacete

helm

suspensórios

bretels

uniforme escolar

schooluniform

uniforme

uniform

babador
slabbetje

chupeta
speen

fralda
luier

escritório
kantoor

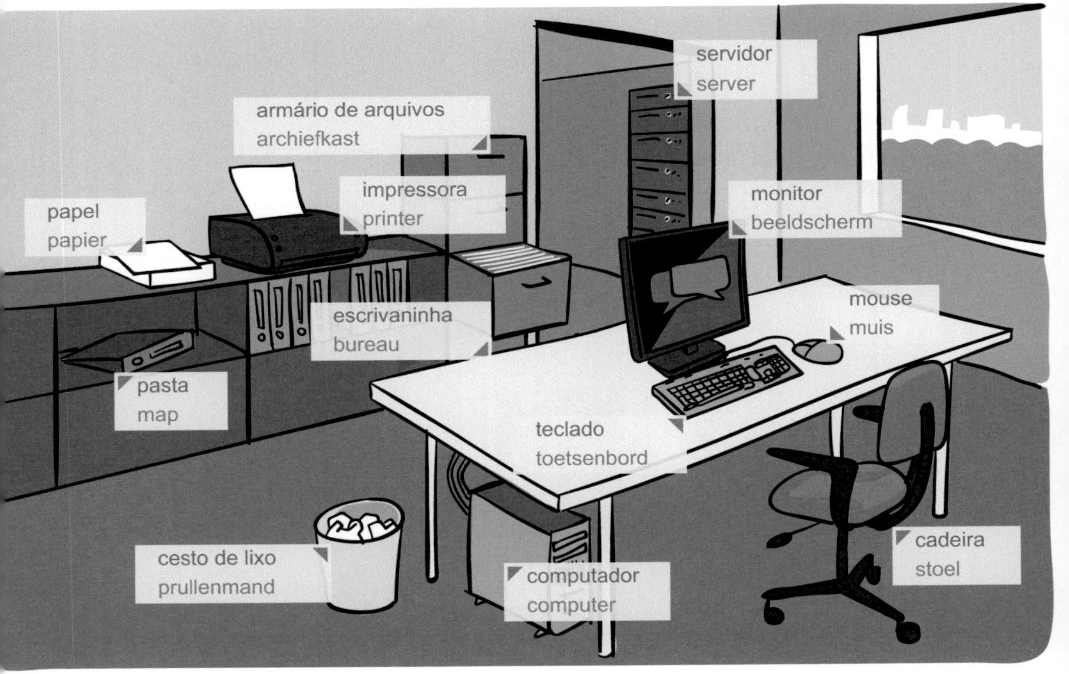

servidor
server

armário de arquivos
archiefkast

impressora
printer

monitor
beeldscherm

papel
papier

mouse
muis

escrivaninha
bureau

pasta
map

teclado
toetsenbord

cesto de lixo
prullenmand

computador
computer

cadeira
stoel

xícara de café
koffiemok

calculadora
rekenmachine

internet
internet

laptop	carta	mensagem
laptop	brief	bericht

celular	rede	copiadora
mobiele telefoon	netwerk	kopieermachine

software	telefone	tomada
software	telefoon	stopcontact
	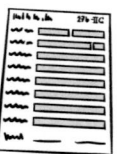	
fax	formulário	documento
fax	formulier	document

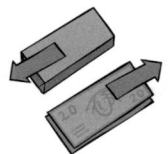

comprar

kopen

pagar

betalen

negociar

handel drijven

dinheiro

geld

Dólar

dollar

Euro

euro

Yen

yen

rublo

roebel

franco suíço

Zwitserse frank

renminbi yuan

renminbi yuan

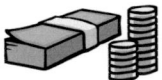

rupia

roepie

caixa eletrônico

geldautomaat

casa de câmbio

wisselkantoor

ouro

goud

prata

zilver

petróleo

olie

energia

energie

preço

prijs

contrato

contract

imposto

belasting

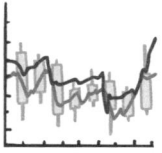

ação

aandeel

trabalhar

werken

empregado

werknemer

empregador

werkgever

fábrica

fabriek

loja

winkel

profissões
beroepen

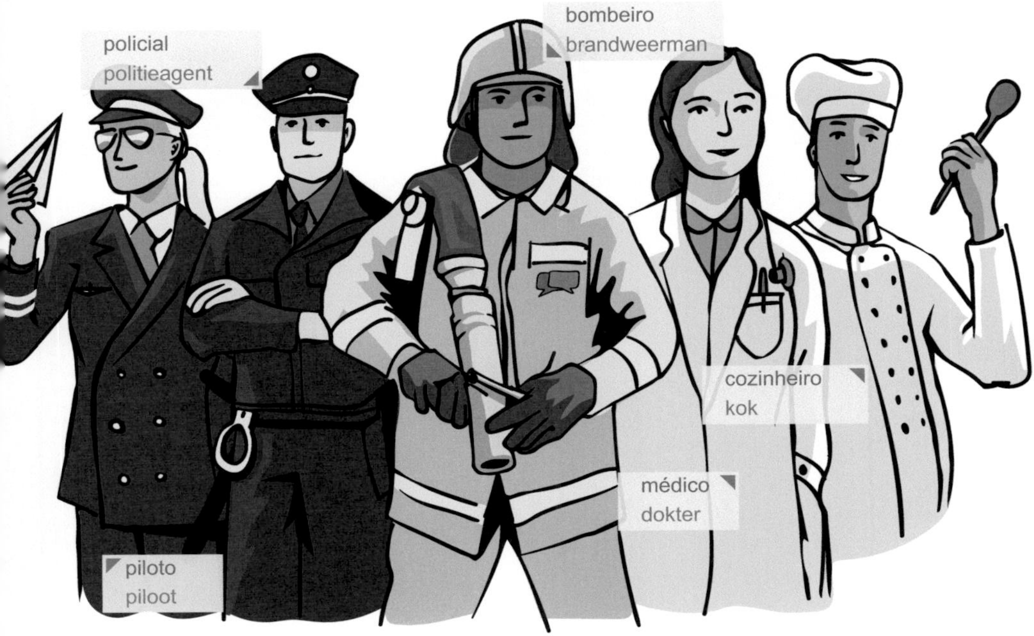

bombeiro
brandweerman
policial
politieagent
cozinheiro
kok
médico
dokter
piloto
piloot

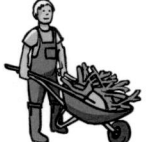

jardineiro

tuinman

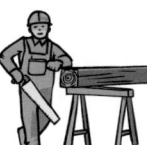

marceneiro

timmerman

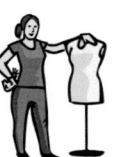

costureira

naaister

juiz

rechter

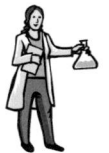

químico

scheikundige

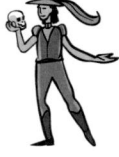

ator

toneelspeler

motorista de ônibus

buschauffeur

motorista de táxi

taxichauffeur

pescador

visser

faxineira

schoonmaakster

telhador

dakdekker

garçom

ober

caçador

jager

pintor

schilder

padeiro

bakker

eletricista

elektricien

construtor

bouwvakker

engenheiro

ingenieur

açougueiro

slager

encanador

loodgieter

carteiro

postbode

soldado

soldaat

arquiteto

architect

caixa

kassier

florista

bloemist

cabelereiro

kapper

condutor

conducteur

mecânico

monteur

capitão

kapitein

dentista

tandarts

cientista

wetenschapper

rabino

rabbi

imam

imam

monge

monnik

pastor

pastoor

ferramentas
gereedschap

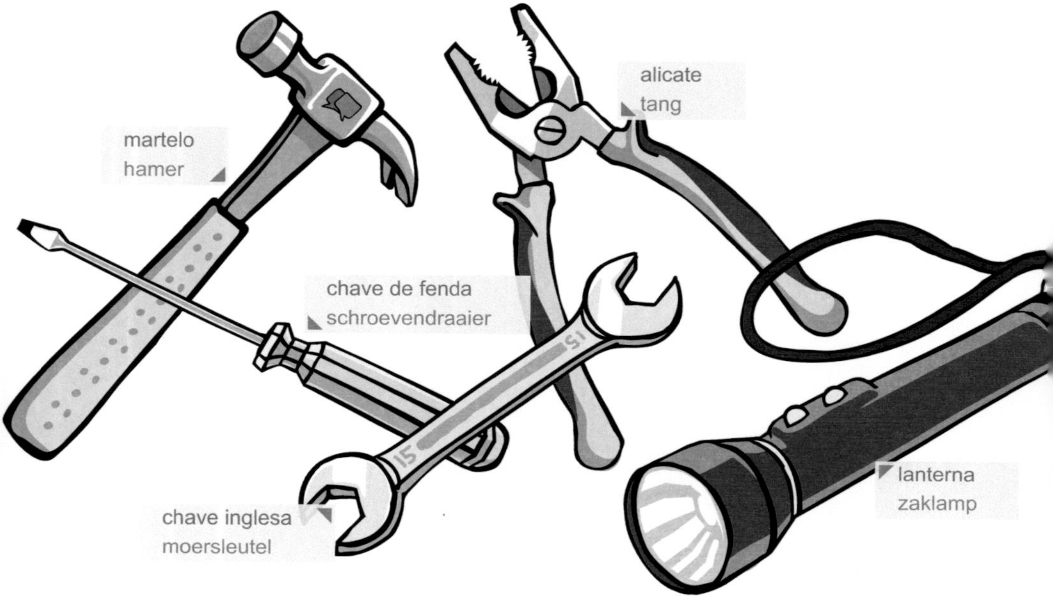
martelo
hamer
alicate
tang
chave de fenda
schroevendraaier
chave inglesa
moersleutel
lanterna
zaklamp

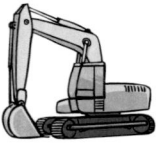

escavadora

graafmachine

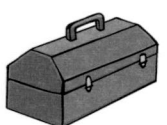

caixa de ferramentas

gereedschapskist

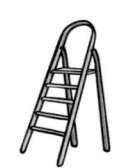

escada de mão

ladder

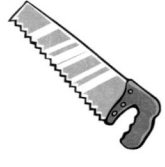

serra

zaag

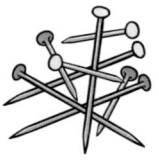

pregos

spijkers

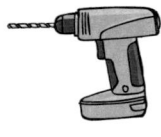

furadeira

boor

consertar

repareren

pá

schep

Droga!

Verdorie!

pá de lixo

stofblik

pote de tinta

verfpot

parafusos

schroeven

instrumentos musicais
muziekinstrumenten

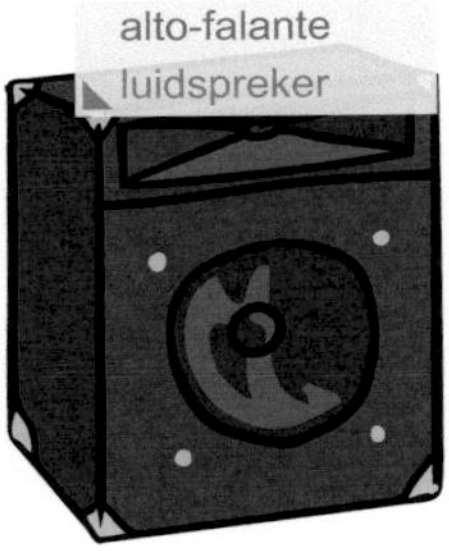

alto-falante
luidspreker

bateria
drumstel

guitarra
gitaar

contrabaixo
contrabas

trompete
trompet

piano
piano

violino
viool

baixo
bas

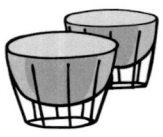

timbales
pauk

tambor
trommel

teclado
keyboard

saxofone
saxofoon

flauta
fluit

microfone
microfoon

zoológico
dierentuin

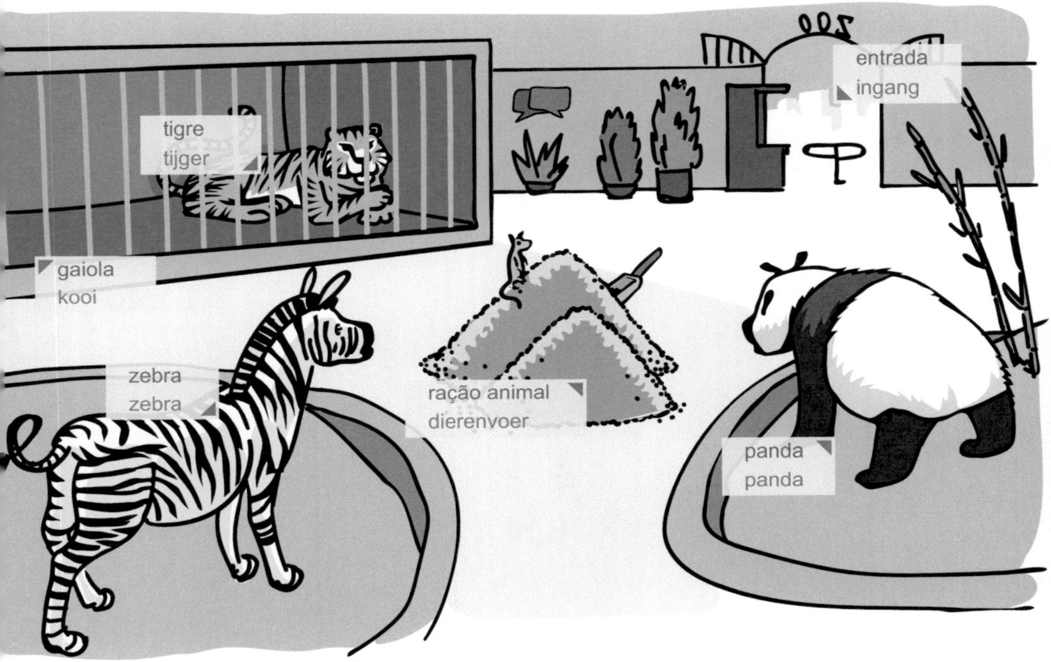

tigre
tijger
entrada
ingang
gaiola
kooi
zebra
zebra
ração animal
dierenvoer
panda
panda

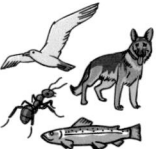

animais
dieren

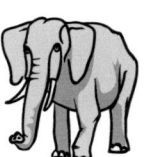

elefante
olifant

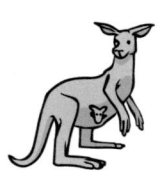

canguru
kangoeroe

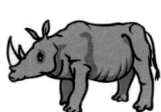

rinoceronte
neushoorn

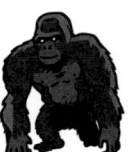

gorila
gorilla

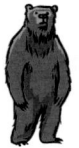

urso
beer

camelo

kameel

avestruz

struisvogel

leão

leeuw

macaco

aap

flamingo

flamingo

papagaio

papegaai

urso polar

ijsbeer

pinguim

pinguïn

tubarão

haai

pavão

pauw

cobra

slang

crocodilo

krokodil

guarda do zoológico

dierenverzorger

foca

zeehond

jaguar

jaguar

pônei

pony

leopardo

luipaard

hipopótamo

nijlpaard

girafa

giraffe

águia

adelaar

javali

wild zwijn

peixe

vis

tartaruga

schildpad

morsa

walrus

raposa

vos

gazela

gazelle

futebol americano
American football

ciclismo
wielrennen

tênis
tennis

basquete
basketbal

natação
zwemmen

boxe
boksen

hóquei no gelo
ijshockey

futebol
voetbal

badminton
badminton

atletismo
atletiek

handebol
handbal

esqui
skiën

polo
polo

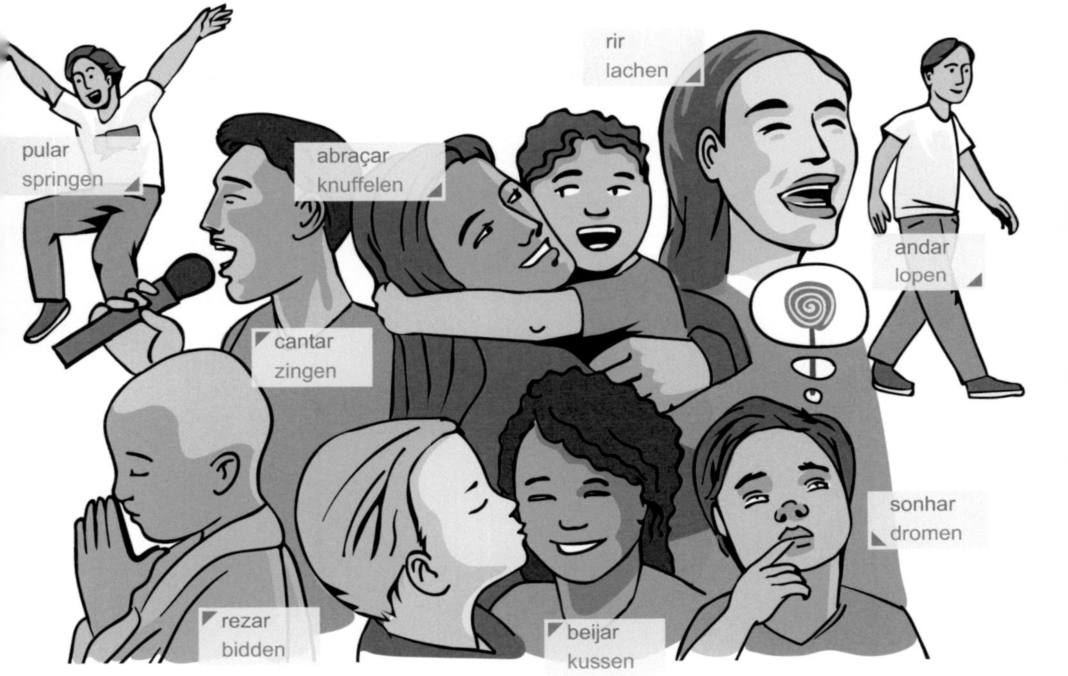

pular
springen

rir
lachen

abraçar
knuffelen

andar
lopen

cantar
zingen

sonhar
dromen

rezar
bidden

beijar
kussen

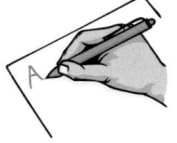

escrever

schrijven

desenhar

tekenen

mostrar

tonen

empurrar

duwen

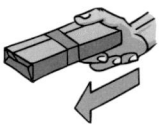

dar

geven

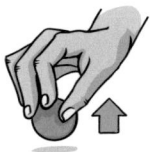

tomar

oppakken

ter
hebben

fazer
doen

ser
zijn

ficar de pé
staan

correr
rennen

puxar
trekken

jogar
gooien

cair
vallen

deitar
liggen

esperar
wachten

carregar
dragen

sentar
zitten

vestir
aankleden

dormir
slapen

despertar
wakker worden

olhar para

bekijken

chorar

huilen

acariciar

strelen

pentear

kammen

falar

praten

entender

begrijpen

perguntar

vragen

ouvir

horen

beber

drinken

comer

eten

arrumar

opruimen

amar

houden van

cozinhar

koken

dirigir

rijden

voar

vliegen

velejar

zeilen

calcular

rekenen

ler

lezen

aprender

leren

trabalhar

werken

casar

trouwen

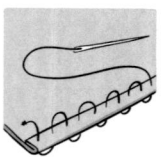

costurar

naaien

escovar os dentes

tandenpoetsen

matar

doden

fumar

roken

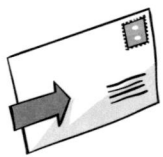

enviar

verzenden

família
familie

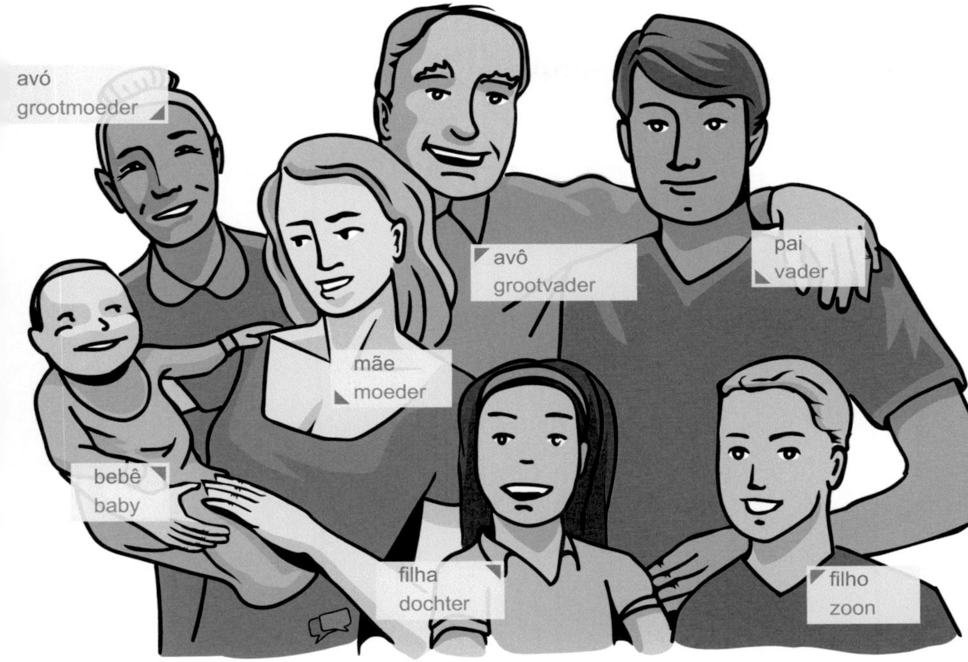

avó
grootmoeder
avô
grootvader
pai
vader
mãe
moeder
bebê
baby
filha
dochter
filho
zoon

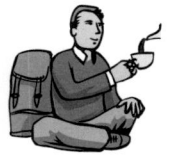

convidado

gast

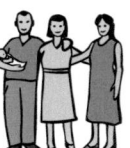

tia

tante

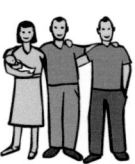

tio

oom

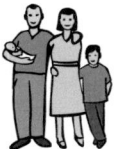

irmão

broer

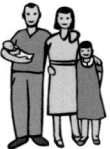

irmã

zus

corpo
lichaam

testa
voorhoofd
olho
oog
ombro
schouder
dedo
vinger
rosto
gezicht
queixo
kin
mão
hand
perna
been
peito
borst
braço
arm

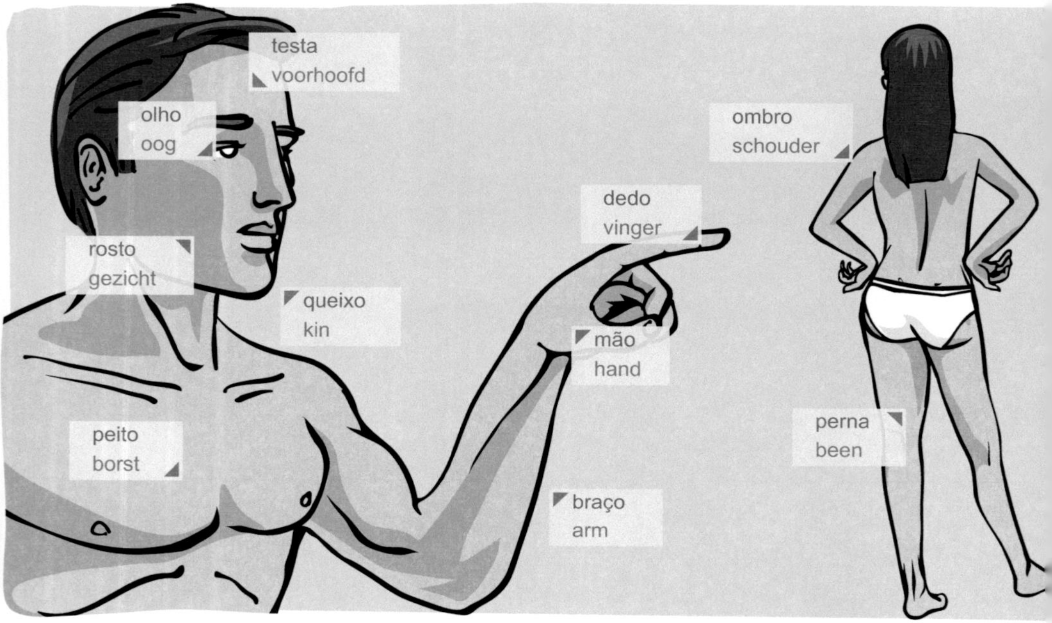

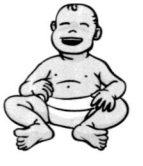

bebê

baby

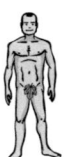

homem

man

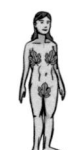

mulher

vrouw

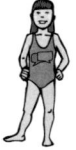

menina

meisje

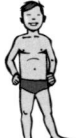

menino

jongen

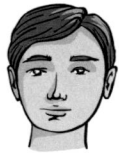

cabeça

hoofd

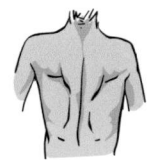

costas

rug

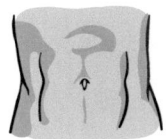

barriga

buik

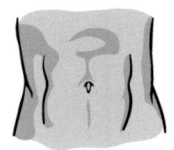

umbigo

navel

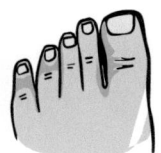

dedo do pé

teen

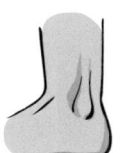

calcanhar

hiel

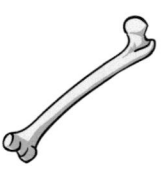

osso

bot

anca

heup

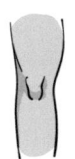

joelho

knie

cotovelo

elleboog

nariz

neus

nádegas

achterwerk

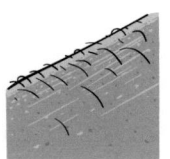

pele

huid

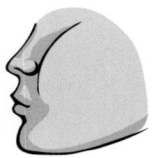

bochecha

wang

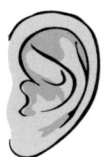

orelha

oor

lábio

lippen

boca

mond

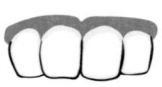

dente

tand

língua

tong

cérebro

hersenen

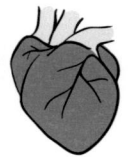

coração

hart

músculo

spier

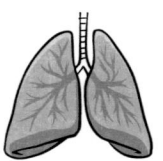

pulmão

long

fígado

lever

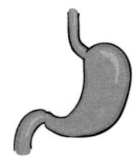

estômago

maag

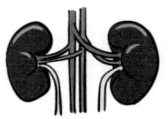

rins

nieren

relações sexuais

geslachtsgemeenschap

preservativo

condoom

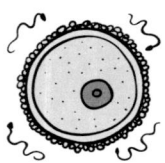

óvulo

eicel

esperma

sperma

gravidez

zwangerschap

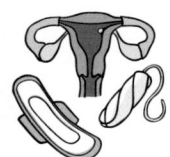

menstruação

menstruatie

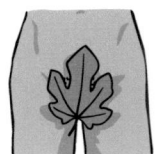

vagina

vagina

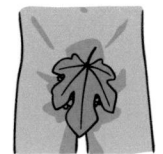

pênis

penis

sobrancelha

wenkbrauw

cabelo

haar

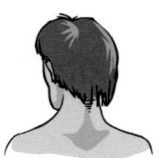

pescoço

hals

hospital
ziekenhuis

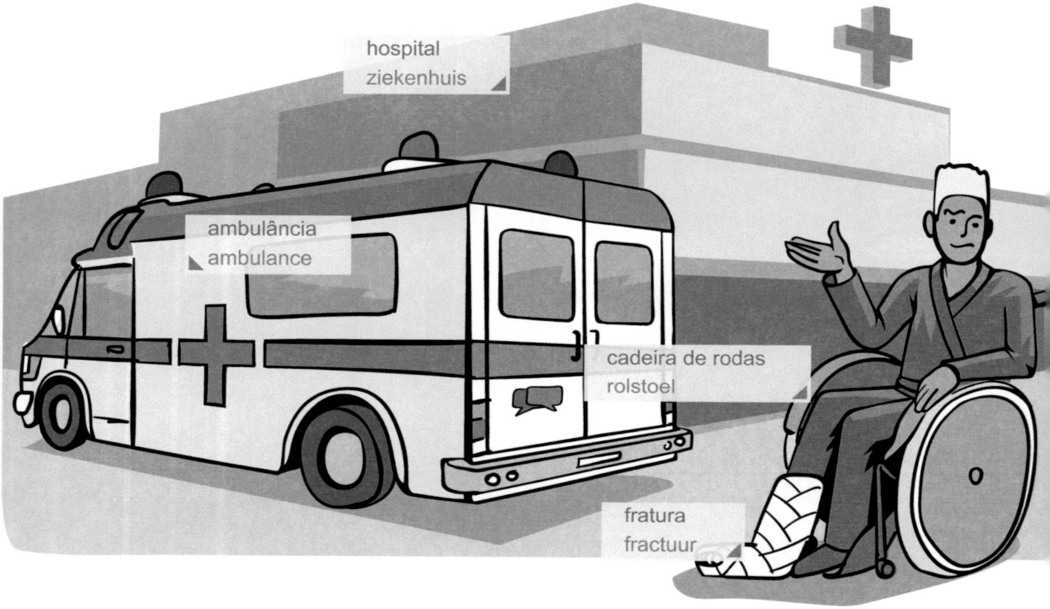

hospital
ziekenhuis
ambulância
ambulance
cadeira de rodas
rolstoel
fratura
fractuur

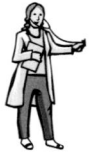

médico

dokter

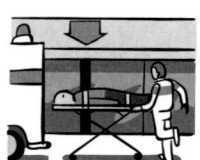

pronto-socorro

EHBO

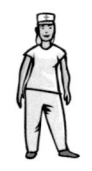

enfermeira

verpleegster

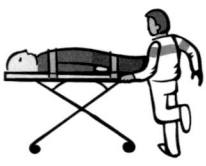

emergência

noodgeval

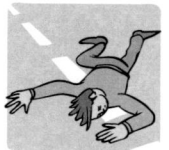

inconsciente

bewusteloos

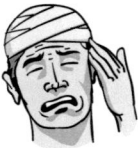

dor

pijn

ferimento

verwonding

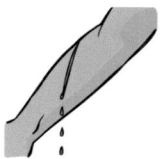

hemorragia

bloeding

ataque cardíaco

hartaanval

acidente vacular cerebral

beroerte

alergia

allergie

tosse

hoest

febre

koorts

gripe

griep

diarreia

diarree

dor de cabeça

hoofdpijn

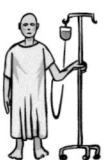

câncer

kanker

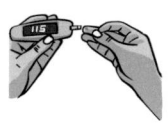

diabetes

diabetes

cirurgião

chirurg

bisturi

scalpel

operação

operatie

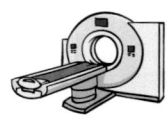

CT
CT

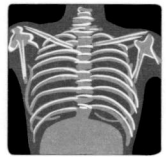

raio x
röntgen

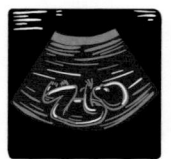

ultrassom
echografie

máscara
gezichtsmasker

doença
ziekte

sala de espera
wachtkamer

muleta
kruk

bandeide
pleister

ligadura
verband

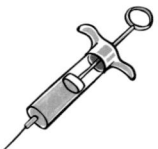

injeção
injectie

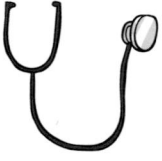

estetoscópio
stethoscoop

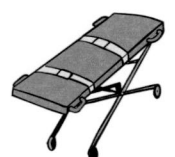

maca
brancard

termômetro
thermometer

nascimento
geboorte

excesso de peso
overgewicht

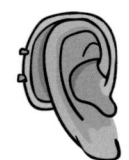

aparelho auditivo

gehoorapparaat

desinfetante

ontsmettingsmiddel

infecção

infectie

vírus

virus

HIV / AIDS

HIV / AIDS

medicamento

medicijn

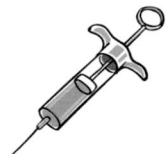

vacinação

inenting

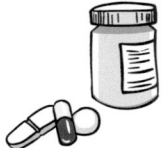

comprimidos

tabletten

pílula

pil

chamada de emergência

alarmnummer

dispositivo de medição de
pressão arterial

bloeddrukmeter

doente / saudável

ziek / gezond

Socorro!

Help!

alarme

alarm

assalto

overval

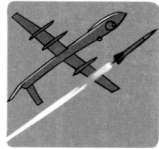

ataque

aanval

perigo

gevaar

saída de emergência

nooduitgang

Fogo!

Brand!

extintor de incêndios

brandblusser

acidente

ongeluk

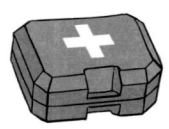

maleta de primeiros socorros

EHBO-koffer

SOS

SOS

polícia

politie

Europa

Europa

América do Norte

Noord-Amerika

América do Sul

Zuid-Amerika

África

Afrika

Ásia

Azië

Austrália

Australië

Atlântico

Atlantische Oceaan

Pacífico

Stille Oceaan

Oceano Índico

Indische Oceaan

Oceano Antártico

Zuidelijke Oceaan

Oceano Ártico

Noordelijke IJszee

Polo Norte

Noordpool

Polo Sul
Zuidpool

Antártica
Antarctica

Terra
aarde

terra
land

mar
zee

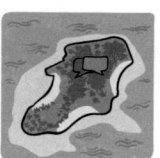

ilha
eiland

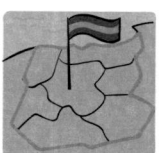

nação
natie

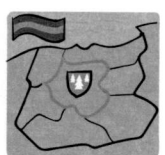

estado
staat

mostrador do relógio

wijzerplaat

ponteiro das horas

uurwijzer

ponteiro dos minutos

minutenwijzer

ponteiro dos segundos

secondewijzer

Que horas são?

Hoe laat is het?

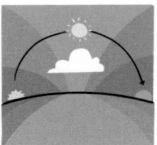

dia

dag

tempo

tijd

agora

nu

relógio digital

digitaal horloge

minuto

minuut

hora

uur

semana

week

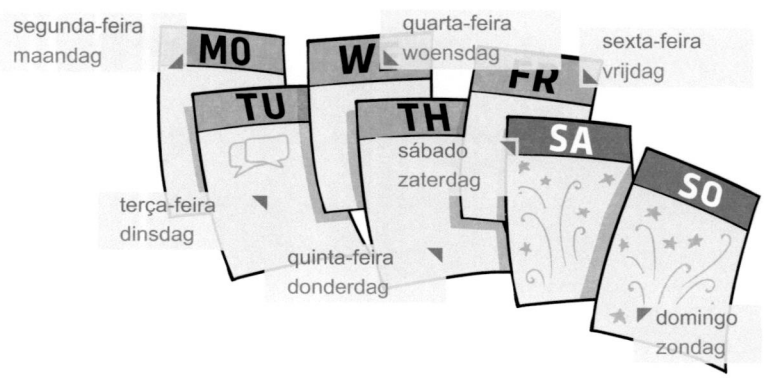

segunda-feira
maandag

terça-feira
dinsdag

quarta-feira
woensdag

quinta-feira
donderdag

sexta-feira
vrijdag

sábado
zaterdag

domingo
zondag

ontem

gisteren

hoje

vandaag

amanhã

morgen

manhã

ochtend

meio-dia

middag

entardecer

avond

dias úteis

werkdagen

fim de semana

weekend

chuva
regen

arco-íris
regenboog

neve
sneeuw

vento
wind

primavera
voorjaar

outono
herfst

verão
zomer

inverno
winter

4.APRIL	11°	☀
5.APRIL	4°	
6.APRIL	13°	
7.APRIL	8°	☀
8.APRIL	10°	☀

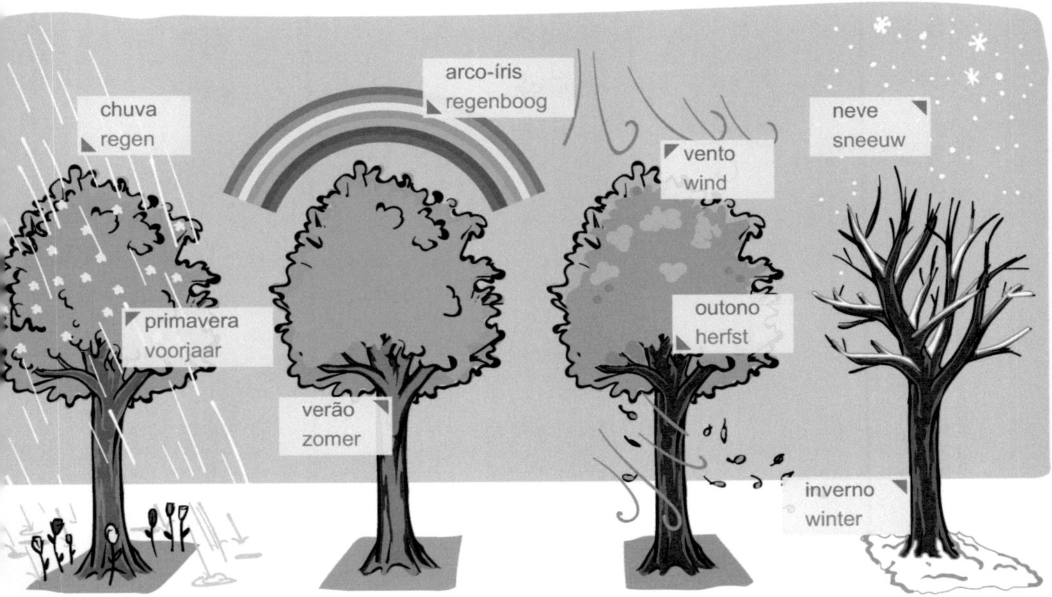

previsão do tempo

weerbericht

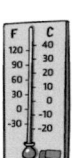

termômetro

thermometer

raio de sol

zonneschijn

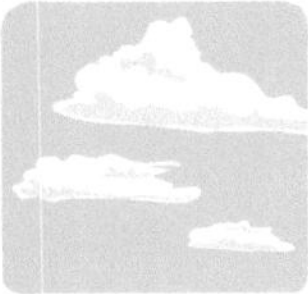

nuvem

wolk

neblina / nevoeiro

mist

umidade do ar

luchtvochtigheid

relâmpago

bliksem

trovão

donder

tempestade

storm

granizo

hagel

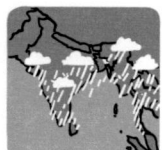

monção

moesson

inundação

overstroming

gelo

ijs

janeiro

januari

fevereiro

februari

março

maart

abril

april

maio

mei

junho

juni

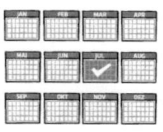

julho

juli

agosto

augustus

setembro

september

outubro

oktober

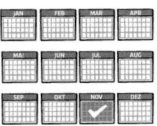

novembro

november

dezembro

december

formas
vormen

círculo

cirkel

quadrado

vierkant

retângulo

rechthoek

triângulo

driehoek

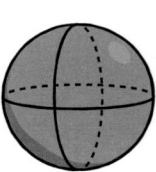

esfera

bol

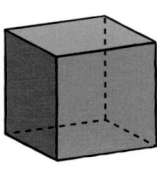

cubo

kubus

branco

wit

amarelo

geel

laranja

oranje

rosa

roze

vermelho

rood

lilás

paars

azul

blauw

verde

groen

marrom

bruin

cinza

grijs

preto

zwart

muito / pouco

veel / weinig

furioso / tranquilo

boos / rustig

lindo / feio

mooi / lelijk

começo / fim

begin / einde

grande / pequeno

groot / klein

claro / escuro

licht / donker

irmão / irmã

broer / zus

limpo / sujo

schoon / vies

completo / incompleto

volledig / onvolledig

dia / noite

dag/ nacht

morto / vivo

dood / levend

largo / estreito

breed / smal

comestível / não comestível

eetbaar / oneetbaar

mau / gentil

gemeen / aardig

entusiasmado / entediado

opgewonden / verveeld

gordo / magro

dik / dun

primeiro / último

eerste / laatste

amigo / inimigo

vriend / vijand

cheio / vazio

vol / leeg

duro / macio

hard / zacht

pesado / leve

zwaar / licht

fome / sede

honger / dorst

doente / saudável

ziek / gezond

ilegal / legal

illegaal / legaal

inteligente / idiota

intelligent / dom

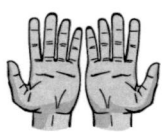

esquerda / direita

links / rechts

perto / longe

dichtbij / ver

novo / usado

nieuw / gebruikt

nada / alguma coisa

niets / iets

velho / jovem

oud / jong

ligado / desligado

aan / uit

aberto / fechado

open / gesloten

baixo / alto

zacht / luid

rico / pobre

rijk / arm

certo / errado

goed / fout

áspero / liso

ruw / glad

triste / feliz

verdrietig / gelukkig

curto / longo

kort / lang

lento / rápido

langzaam / snel

molhado / seco

nat / droog

ameno / fresco

warm / koel

guerra / paz

oorlog / vrede

números
getallen

0
zero
nul

1
um
één

2
dois
twee

3
três
drie

4
quatro
vier

5
cinco
vijf

6
seis
zes

7
sete
zeven

8
oito
acht

9
nove
negen

10
dez
tien

11
onze
elf

12

doze

twaalf

13

treze

dertien

14

quatorze

veertien

15

quinze

vijftien

16

dezesseis

zestien

17

dezessete

zeventien

18

dezoito

achttien

19

dezenove

negentien

20

vinte

twintig

100

cem

honderd

1.000

mil

duizend

1.000.000

milhão

miljoen

inglês

Engels

inglês americano

Amerikaans Engels

chinês mandarim

Chinees Mandarijn

hindi

Hindi

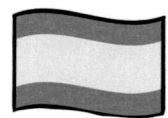

espanhol

Spaans

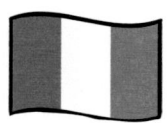

francês

Frans

árabe

Arabisch

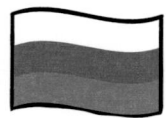

russo

Russisch

português

Portugees

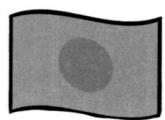

bengalês

Bengalees

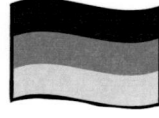

alemão

Duits

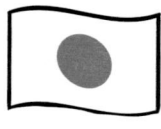

japonês

Japans

eu

ik

você

jij

ele / ela

hij / zij / het

nós

wij

vocês

jullie

eles / elas

zij

quem?

wie?

O quê?

wat?

como?

hoe?

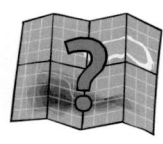

onde?

waar?

Quando?

wanneer?

nome

naam

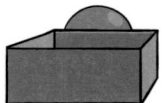

atrás

achter

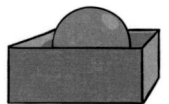

em

in

na frente de

voor

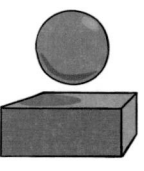

sobre

boven

em cima

op

debaixo

onder

do lado

naast

entre

tussen

lugar

plaats